내 無形의 집

황춘석 시집

을지출판공사

추천의 말

처염상정(處染常淨)이란, 수렁 속에 연꽃이 핀다는 뜻이 내포되어 있는데, 세상에 발표된 시들 중에 세간의 집착을 버린 초연한 관념시(觀念詩)가 그리 흔치 않다.

이 시집을 상재한 황춘석 시인은 어릴 적부터 글 쓰는 천부적 재질이 있었고 천성이 순박하여 온갖 어려운 일을 스스럼없이 해냈으며 공부도 잘했다.

어느 날 홀연히 사라진 후 몇십 년이 지나, 나를 찾아왔다. 그가 쓴 시를 살펴본 나는 문득, 우리의 맥을 그의 유능하고 풍부한 서정적 능력으로 창조해 냈다는 느낌으로 마음에 와 닿는다.

시는 자연과 생명을 가꿔 본래(本來)로 돌아가는 색깔이고 인생의 축소며 진리(眞理) 표현의 응축이다. 좋은 시는 풍부한 체험과 서정적 느낌에서 나오며, 모든 사람에게 공감할 수 있고 감동을 주는 시여야 한다고 할 수 있다.

시적 체험과 서정적 감수성이 풍부한 황춘석 시인의 시는 순간 얼마간으로 꺼질 것이 아니라 역사의 흐름을 초월하여 이어질 것이다.

2009년 여름

壬午年 於 南漢山城
時調詩人 尹 禪 曉

자서

사람은 누구나 삶이 다할 때까지 내가 태어났던 고향을 그리워하듯 본래의 순수한 귀향처를 그리며 의지처를 찾아서 한 귀퉁이에서 서성이다가 짧은 생을 마치곤 한다. 만약 그러한 희구가 없다면 인간은 얼마나 삭막한 것일까.

우리의 맑은 정신을 찾음으로써 물질에 치우친 권력과 자만을 배제하고 온유한 심성과 자비로운 의지가 표현되어 밝은 사회가 형성되는 것이다.

이 시집이 잉태하여 태어나기까지는 내 평생이 저물어 가기 시작하는 50살이 훨씬 넘어서이다. 단, 몇 달이나 몇 년간에 후닥닥 써내려 간 것이 아니라 간간이 시상이 떠오를 때마다 써 모은 것이 한 권으로 만들어진 것이다.

괴테는 파우스트를 40년에 걸쳐 장려한 글을 썼지만 내 이 시는 2~3시간이면 다 읽어 버릴 것을 평생에 걸쳐 긴축한 표현인 것이다.

모든 여건이 맞지 않아 탄생이 더딘 연유도 있지만 인기 있는 책을 만든다든가 꼭 세상에 내어 놓기 위한 생각도 없이 무한한 집착으로 줄기차게 자연의 색깔을 접해 보고자 했던 것이다.

지방문화지와 중앙문예지에 단편으로 발표된 것과 자유문학 2회 추천 완료 당선 작품도 함께 묶었다.

모든 사람에게 다 공감대가 이뤄지지 못하리라 생각하니 무한히 송구스러운 시작품이라는 의념을 떨칠 수 없으나 독자의 정겨운 마음을 기대해 본다.

2009년 여름에

지은이 황춘석

목 차

제 1 부 내 무형(無形)의 집

제 2 부 흐르는 정(情)

제 3 부 사계절(四季節)

제 4 부 자연(自然)

제 5 부 풍물

제 6 부 민족 정화

제 7 부 사찰 송시(寺刹頌詩)

제1부 내 무형(無形)의 집

내 약초밭에는

태초에 지맥(地脈) 뻗어내려 산 이뤄 내린 골짝
퇴적한 나뭇잎 진액 빨아먹고 살았던 약초들
채약꾼에 수집되어 내 밭에 뿌리내려
토정(土精)받고 자라,

종류도 다양하다
땅에 붙어있는 앉은뱅이
쭉 뻗는 길쭉이
목(木)류, 초(草)류, 구근(球根)류
꽃색도 가지가지.

두충, 작약, 고본, 용담, 지모, 사간……
온산에서 모인 외로운 생들,
성숙이 경이롭게 다르고, 부위별 용도 다 다르다
당귀 두(當歸頭)는 지혈(止血)하고,
신(身)은 보혈(補血)하고
초(梢)는 행혈(行血)하고
미(尾)는 파혈(破血)한다.

피와 기운 돕고 뼈, 근육, 사지, 머리, 5장 6부로
오르고 내리며 순환하는 성질의 온갖 기능 약초들.

오랜 세월 토착해서 제구실할 텐데
대륙의 약재 수량에 밀려 내 약초밭은 소득의 수난시대.

내 뼈가 자란 우리 지역 땅의 뿌리가 가장 잘 동화되어
효험이 월등치 않겠는가.
몇 번이나 계절 바뀌어 해〔年〕가 흘러도
기미(氣味) 그 향기 토종 냄새 영원하다.

한 해 채취(採取) 단기생(短期生)
2년 3년 채약(採藥) 중기생(中期生)
4년 넘어 10년 지나 채굴(採掘) 장기생(長期生)
소득보다 가꾸는 재미
그들의 뿌리, 줄기, 잎, 꽃, 열매……
정(精), 기(氣), 신(神)이 들어 숨 쉰다.

* 초(梢) : 당귀의 신(身)과 미(尾)의 사이 부분

〈자유문학 추천 작품〉

내 무형(無形)의 집

아, 찬란한 보주(寶珠)들이 가득한
내 무형(無形)의 집
모든 것 다 내주어도
빈축(貧縮)없는 이 집에
내가 주인이 된다.

시방(十方)이 사라져도
겁파(劫簸)가 다 한 대도
단 이 집은 영원한 것
아쉬움 없는 이 터전에
내가 산다.

* 빈축(貧縮) : 조금도 없어지거나 덜어지지 않음
* 겁파(劫簸) : 오랜 세월

〈자유문학 초회 추천 당선시〉

공심(公心)

끝 간 곳 없는 사막에
오아시스는 먼데
눈을 감아도
영롱한 당신의 눈빛과
산더미처럼 쌓인 지폐 뭉치가
그립지 않아 좋다.

팔방(八方)이 칠흑 속에 쌓인
벽(壁)속에서
하늘 아래 구름의 색깔을 안다.

수심(修心)에 겨워
나이 들면
우주와 나는
하나가 된다.

삼독(三毒)

헛된 욕심을 버리지 못한 채
얼마나 많은 성화를 통해
이 훌륭한 인생(人生)을
어리석게 지냈던고!

영상(影像)

애정(愛情)이 있어
동반(同伴)한 것이 아니라
너와 나와의 못다 한 인연이
세월을 초월했기 때문이다

말못할 아쉬움이 많은
밀어(密語)에 지친
영(影)
상(像)
내세(來世)
가 다 하는 날까지
담연(淡然)하누나.

제명(題名)이 아닙니다

삶이 진실이라면
죽음도 진실이랍니다.

내 생명은 어디서부터 온 것입니까?
삶이기 전에 무엇이었냐고?

죽음의 생명이라고 단정하기 어려우면
삶 역시 제명(題名)이 아닙니다.

죽음이 허무라면
삶 역시 허무랍니다.

죽음이었기 전에 무엇이었냐고
삶이라고 단정하기 어려우면
죽음 역시 제명(題名)이 아닙니다.

망(望)

글쎄—
나도 뭔지 모르면서
그것이 진리(眞理)라는 둥
담담히 믿으면서

막다른 골목은 없었기에
모가질 길게 빼고

보이지 않는 산 너머
흰구름가에
내가
거기 서기로 했다.

자재(自在)

눈을 감고 세상을 다 본다
내가 여기서 어느 곳이던가
다 행위(行爲) 할 수 있다

우주는 내가 움킬 만큼 아주 작고
또
우주는 나까지 함유할 만큼
너무 크다

그건 나의 자재(自在)고
우주의 자재(自在)

집념(執念)

삶이란
고(苦)여서 감(甘)한 것
내일의 아스라한 기대 속에
애틋한 안개되어 피어날 때
내가 태어난
외로움의 서글픔보다
뜻 있는 미소(微笑)를 간직하리라
소소(笑笑)

아—
거기에
빛 어리어
집념이 어리여어리여

진공(眞空)의 나라

대지(大地) 덮은 회색 날개 아래
광활한 녹음 바다
자우(慈雨)를 기다리고

춘 하 추 동
시(時)를 따라
자연(自然)은 광겁(曠劫) 돌아
어김없는데
인생은 생(生)에 비롯해, 사(死)에 이르니
기약 없는 부나방

귀경(歸耕)은 아련한 무중(霧中)
신념(信念)은 가상(假想)되어
산하(山河)에 흩날리고

내 가야 할 곳
오직 적연(寂然)의 국토(國土)
진공(眞空)의 나라

막차라도 어서 떠나자

망설이다 늦었다
지금이라도 떠나자

내 고향집엔
향긋한 꽃 냄새 바래고

반겨줄 이 없어도
내 가야 할 곳 영원한 거처

아— 조용한 벗은 모두 떠나고
시끄럽고 분주한 이들만 남아

생명(生命)은 한계 있어
죽음은 소롯이 엄습하는데
세상(世上)의 휘감긴 굴레 벗고

심안(心眼)을 열어
대자유(大自由) 찾자
막차라도 어서 빨리 떠나자.

도시의 법당(法堂)에서

고승(高僧)은 간 곳 없고
단청(丹青)한 법당(法堂)만 덩그러니 남아
눈웃음 고요하던 스님은 사라지고

헐렁한 옷차림 기름기 번들거리는 중은
휘돌아 가는데

애뜨기 학생들의 서툰 목탁 소리
장래 불자들 하고픈 얘기 있어
부처님 뒤에 모시고
법담(法談) 꽃피워

불보살이 탱화 속
자비의 미소가 감싸돈다.

명제(命題)를 붙일 수 없습니다

시시(時時)로 사랑할 수 있음과
영원히 할 수 없음을 안다

그윽한 심연(深淵) 속에
작은 소용돌이 함께
역사(歷史)가 꿈틀이고
적연(寂然)을 동반하여
촌각(寸刻)에 흐르는 율동

생명(生命)과 비생명(非生命) 꼬투리 없어
맺음의 가상(假想)이 순리인지도
사랑과 미움
적조(寂照)와 동요(動搖)로움이 엉킨다.

안개 속으로 가리

한때는 즐거웠던 것
슬픔과 미워함도
저 가려진 안개 속으로 가리

세월 흘러 연륜 따라 사라져 가리
불같은 삶
이글이글 타올랐던 사랑도
시름시름 삭아지고
쇠가 우거진 골
몽롱한 안개 속으로 사라져 가리

태양(太陽)처럼 타오른 희망찬 인생(人生)
밝디밝은 영명한 이상(理想)
너 나도 알 수 없는 음울한
안개 속에 자취 감추고
아무도 모르는 안개 속으로
영원히 떠나가리

심상(心傷)

동정(動定)을 뜨나
아련히 밝은 빛
조요로히 와 닿는
생생(生生)한 평화(平和)

의식도 마음도 아닌
초연(超然)히 떠 있는
크나큰 영원한 궁궐

거기 내가 사는 것 같지도 않게
사는 자신(自信)
이젠 떠나려 해도 떠날 수 없게
담연한 고요와 즐거움이
찾아든다.

정(定)

흰 빛깔
모든 모양 흡수한 채
우주 공간 해맑았으랴
까마귀 날개 펼쳐
한가히 창공 날고

내가 위치한 주위
저 멀리 나타난 형상
모두 있는 듯 없는 듯
희미한 듯 밝은 듯
이건 이거다
저건 저거다
모든 분별 시시껄렁한 것

한 생각 한 의식
장벽 열려
아— 온 누리
공간은 자유자재
천지(天地) 연하게 익어
의식(意識) 본래(本來) 나로 간다.

개안(開眼)

숨결 가누노라면
말아간 마음 살아 오른다.
눈을 감아도 조용히 떠도
경계는 하나

맑은 바람
푸른 나무
흩날리고
청명할 날씨
온 누리 밝게밝게 드리운다

세상인은 고요한 눈빛
모든 것이 이렇게 조용할 수가
낮밤이 하나
이토록 한가한 겁(劫)이 흐른다

내가 나눠 줄 것은

내가 네게 줄 것은
고요의 호흡입니다.

꿈을 꾸다 만 토막 난 소식이 아니라
바람결에 흔들리는 잎새 소리에도
영원(永遠)히 타고 흐르는 맑디맑은
정갈한 고요의 소리를
그 신성한 흐름을
당신과 나눠 가질
순수한 선물입니다.

휘영청 달빛이 흐르는
적막한 산사(山寺)에 홀로 거니는
노승(老僧)의 그림자를
너와 내가 나눠 갖고 싶습니다.

공병(空病)

책을 대해도
마음 닫음 없고
얘깃거리 없어
멍하니 하늘 그립고

딴 생각하면
의식 고요해서
점점 점점
빈 마음으로
영원히 빠져

내 공병은
세세생생(世世生生)
불치(不治)의 악성질환(惡性疾患)인가

무아(無我)

망념(妄念), 고요히 가누니
하늘이 아래로 드리워
땅과 모양이 같이 이뤘다.

너도,
나도
우리
모두 떠나니
무진(無盡)한 공허(空虛)가
이 한기한 평화(平和)가……

심 공적(心空寂)

뇌리엔
푸른 호수
맑은 하늘
융화로 조요로워라
나에게
내가 없어라

빈 마음에

덜거덕거리는 지하철에서
뭉게구름
뻐꾸기 소리 듣는다

나의 뇌리에
아무것도 없다

종하차역도 잊어버리고
내 자린
내가 없다.

가환진(假還眞)

가(假)를 돌이켜
진(眞)으로 볼 수 있는 경계(境界)는
언어로 표현할 수 없는 것

마음이 툭 터져서
더러움도 깨끗하게 볼 수 있고
원수도 부모처럼 공경할 수 있어
물은 파도의 당체이니
파도의 당체(當體)가 물이니
확연히 두 경계가 아닌
요요적적(寥寥寂寂)을

습공(習症)

사람살이
물거품
보글보글 맺었다 사라지는 것

너도 가고 나도 가고
모두모두 사라지고 바꿔간다

내 본래 텅 비었다는 의식이었거늘
휘황찬란한 표현(表現)에
어이 눈 돌릴손

허무(虛無)

하루 종일 잡사(雜事)에 매달려
분주히 바빠져서
돈벌 궁리
출세할 궁리 궁리 궁리

어느새 세월은
전광석화(電光石火)같이 흘러
머릿발은 희끗희끗

아— 생(生)은
종말이 가까워 오는데
내 해야 할 일은
진실로 진실로 내가 나다워져야 할 것은
까마득히 잊어져 가고

몸서리치게
엄습하는 허무

섭공(攝空)

고요를 갈아서
미세한 분말로
허공에 흩어
진종일
맑은 내 그릇에 받아 들여
아주 세월이 익어가서
공(空)이 되는 것을

서원(誓願)

알음알이 모여
지식이 축적되어
반짝이는 지혜

미적감각(美的感覺)
망상(妄想) 덩어리
모두 뜬구름 같은 공화(空華)를 잡아
내 본연(本然)으로 돌려

청정무구(淸淨無垢)한
마음 주인(主人)에 귀의(歸依)하여
고요한 자유를 찾아

거듭 새롭게 탈각(脫殼)되어
확실히 영원으로 통한
노정(路程)이 서원인 것을

* 청정무구 : 번뇌의 더러움에서 벗어난 깨끗함

묵언(默言)

세상 쓴맛 단맛 다 보았으면
이제 안정(安定)해야지
가만히 의식 되삭임 하노라면
내재(內在)한 고요의 모체(母體)
많은 말들이 삭아내려

딱지가 겹겹이 쌓여 화석이 된 채
그렇게 되어진 고체의 파장은
항상 변화무상을 이룬
실체는 내면의 용틀임

도무제(道無題)

길인은 길 가다 쉬고
생각 모은 사람은 생각하다 살고

경(經)을 천만독(千萬讀) 해도
무슨 소용이랴!!

"도(道)의 가장 정확한 뜻이 무엇인고?"
옛 도인(道人) 조주 스님 말하되
"군소리 하지 말고 차나 한 잔 마시고 가게"

* 조주 : 중국 당나라 때 종심 스님

너도 가고 나도 간다

우리 모두 가고 있다.
다시는 돌아올 수 없는
과거만 남긴 채
무한한 변화 속에 흘러간다.

봄이 되면 식물의 꽃 잎새는
다시 돋아나지만
인생은 한번 가서는 다시 오지 않는다
사계(四季)는 쳇바퀴처럼 돌지만
너와 나의 만남은
일정(一定) 기간을 지나서
아련한 추억마저
영원히 떠나
어디로인지 흡입되어
사라져 간다.

아무도 함께 가 주는 이 없다
너도 가고 나도 간다
외로움의 한을 마음으로 삼킨 채
쓸쓸히 쓸쓸히
혼자서 간다.

예부터 내가 생각했듯이

세상살이 뜬구름 같아
물질과 재산
믿었던 그분들
사랑했던 그대
내일의 희망
모두가 떠나 버리고
오늘도 해님이 중천에 올라
실체 없는 허상(虛想)을 안고
쳇바퀴 도는데
덧없는 인생 향로 정착 없이
우리 모두 혼자서 간다

예부터 내가 생각했듯이

참 멋

당신과 어울린 것은
연분이 있었겠지요
우린 누구나 회자정리(會者定離)
이별의 연(緣)을
그렇게 연연할 필요
무엇이겠소

범소유상 개시허망(凡所有相 皆是虛妄)이라 했는데
말과 표현이 모두 허무하여
좀 더 나은 실리를 따라
떠나가면서
애뜻한 마음 간직한들
무슨 소용이랴

당신은 떠날 것이고
나는 내 자리에 있을 것 뿐
하늘의 밤별은 그날도 비출 것이며
소슬한 바람결도 예나 지금이
적막한 내 마음 곁을 스쳐 가겠지

떠나 보내려 애쓰지 말고
떠나간들 담담하여
슬퍼하지 않으니
이 모두 당신의 자유
나의 큰 사랑 평화(平和)

내일도 동녘 해 올라 서녘에 기울고
사시(四時) 쳇바퀴 돌아
늙을 이르서
뒤돌아 본 젊음
아— 물같이 흘러갔구나!

어느 사이 성성백발 휘날리며
죽엄을 맞이하겠지
짧디짧은 인생(人生)
무엇하며 살았던고

온갖 분주한 잡일 속에
생명(生命)찬 일 하지 못하고
전광석화같이 흘러갔구나

이제 회광반조(廻光返照)하여
진리(眞理)에 돌아가니
진정(眞正) 편안한 멋이잖소

* 범소유상 개시허망 : 불교의 대승경전인 금강경 사구계의 머리부분으로써 세상에 존재하고 있는 것은 사시(四時) 사계절.
* 회광반조 : 자기를 회고 반성하여 바로 심성으로 조견(照見)하는 것.

일

무시무종(無始無終) 익힌 습관
쳇바퀴 돌 듯
몸짓으로 해야 하는 일들
언제까지 업(業)이 이어질까

겨울 가고 봄으로 치달아
사(四)는 일 따라 돌아간다

인연의 종소리 합장하는 마음으로

뇌리엔 법음(法音)의 종소리
명료히 울려 퍼져
확연히 굉음으로 변해
크게 와 닿구나

당체는 뜻이 없는 줄 알았는데
묘용(妙用)이 어려
선(善)한 도정을 일으켜
깨달음의 화신(化身)을 보내
나를 보다 내되겠끔 이끌어
어릴 적부터 염원했던 뜻을
무한한 법리(法理)로 세월을 초월하여
인맥의 다리 놓아
당신을 잇게 될 씨앗을 보내시니
환희한 마음으로 합장하여 간직하리라

당신의 본인(本因)으로 통해
맥이 이어진 것은
영원불변의
진성(眞性)인 체성(體性)임을
찬탄합니다.

* 진성 : 만물의 본체.
* 체성 : 물건의 본질을 체라 하고 체가 변하여 고쳐지지 않는 것을 성이라 하니 체가 곧 성.

어두움에 쌓여

노랑 색깔이 그렇게 아름답고
영롱한 빛을 발하는 광채는
내 생전 처음 보았다

좁쌀 알보다도 더 작은 것으로
시작하여 물방울처럼 살아
움직이다가 축구공보다 더 커져서
이제는 시야에
온통 광명으로 나투었다가
차차 연둣빛과
푸른 색조로 어울러
어떤 예술의 표현 색깔보다도
황홀한 색상으로 변화되어 갔다

색깔의 참 아름다움을 보았다.

* 나투었다 : 나타나다.

태허(太虛)

나와 내 주위
모든 상념(想念) 맑아져
온 세상 속에 들어가서
자연의 혈맥과 함께하여
너와 우주와 자연도
함께하여서
영혼을 따라
유유자적하여
본래생명(本來生命)의 근원으로
발돋움해 본다

체용(體用)과 불이체용(不二體用)

물결과 물인 강하(江河)는
모양새가 분명 둘이다
허나 물 없는 물결은 있을 수 없고
물결은 물속에 내재(內在)해 있다
하므로 물결은 물과
동일(同一)의 체용(體用)을 이룬다.

세상 모든 형형색색
변화 된 것이 형상의 용(用)으로 보이지만
모두가 근본이 있어 출현(出現)함이
체성(體性)에 의지하여 태어나는 것이
뿌리에 의지한 나무와 같아
일체(一切)가 항시(恒時) 불변의
모체(母體)를 업고 있는
불이체용(不二體用)

본초(本草)

구원겁전(久遠劫前)

천둥소리 그치고 오색 무지개 내려
이 땅 위 각양각색 기미(氣味)를 지닌 본초
동물의 장속에 스며
약이 되어,
뭇 생명의 병 사르기 위해 이 세상 그윽한 곳
벽지 산간 숨어 태어났으니,
삼라만상 홀로 뿐인 생체로 뿌리내려 줄기 벋고
꽃피고 열매 맺어,

그 쓸모 무한하여라,
만물의 수, 호, 령.

* 본초(本草) : 식물, 동물, 광물 및 수공업의 생산품과 화학제품 등을 포함하여 한약재로 쓰임
* 구원겁전(久遠劫前) : 아득한 옛날

〈자유문학 추천 작품〉

방(房)

문을 열면
칠면조란 놈의
그 큰 멀떠구니가
더욱 시욕이 왕성(旺盛)해진다.

문을 닫으면
그놈의 밥통은 오그라들고
누운 자리 옆에
TV보다 더 좋은 물건들이
많아 심심찮다.

직사각형인 방 속이
가끔 원형(圓形)이 될 때가 있고
세계(世界)가 되기도 한다

제2부 흐르는 정(情)

우주와 나는 한 당체(當體)인지도……

이 땅에만 살기 지겨워 우주여행 떠났던 사람들
자기네는 같은 인간이 아니며, 신 앞에 있어 신이 되었고
그리스도교나 불교도 지방 종교라 하기도……
의식 변화와 육체 변동이 같은 인간을 혼돈할 순 없겠지.

은하에 1천억 개 이상 항성 있고
한 우주에 1천억 개 넘는 은하 있어
우리와 가장 가까운 안드로메다 은하까지
2백만 광년 빛의 속력으로 2백만 년을 달려야 간다.
사람이 인지한 기계 허블 망원경으로 볼 수 있는
거리는 약 1백억 광년

작은 단위 분자, 원자의 세계
10억 분의 1미터인 나노미터
더 작은 옹스트롬 단위
극미의 세계
물질 기초 쿼크와 렙톤이 있으니,
미세함의 끝도 어디인지,

극대와 극미의 세계는 서로 통하는 것일까?

태양계위를 중심으로 위성들이 빈공간 돌 듯
원자도 원자핵 중심으로 전자들이 빈공간 돌고 있나니,
태양계와 원자 구조 동일할 것이어니,

--하여 심성(心性)이 밝아진 조사(祖師)는
한 티끌 속에 시방(十方)의 세계가 내포됐다고 했느니,
붓다는 가히 말할 수 없는 세계〈불가설세계(不可說世界)〉
시공간을 초월하여 지금 너와 내가 주위
모든 것과 만나 있다는 것은
신기하고 경이롭나니, 모두들 사랑할 수밖에,

한없이 큰 우주와 세미(細微)
의 세계를 유추(類推)할 수 있는
나는 내가 생각할 수 있는 크고 작은 것을 뛰어넘는다.
우주와 나는 한 당체인지도……

* 당체(當體) : 직접으로 그 본체(本體)를 가리켜서 하는 말
* 조사(祖師) : 의상조사(義湘祖師)
* 시방(十方) : 사방(四方), 사우(四隅), 상하(上下)의 총칭

〈자유문학 추천 작품〉

이정(離情)

심장에 온혈(溫血)이
식지 않는 한
이정(離精)일 수가
고요의 심연(深淵)에
영원한 몰락(沒落)이기 전에
어찌 이정(離精)일 수가
하나의 이정(離精)은 또 다른
상정(常情)을 낳고……

어느 날의 몽상(夢想)

진실로 사랑하는 마음은
너와 내가 만나는 것 만이 아니랍니다
만난다는 것은 어쩐지 진실이
삭아 버린 것 같고 때가 낀 것 같군요
우리는 오래 만나지 않으면서
항상 만나 있는 법을 배워야 합니다.
거기에 당신의 진실한 모습이 보일 듯 하니까요.
영원한 사랑을 배우려면
이별과 만나지 않는 법부터 알아야 합니다.

인간이 가장 행복할 때는
자기 자신이 되어 있을 때가 아닌가 합니다.
거기에 진정한 그리움이
우리를 위로(慰勞)해 주지 않을까요
세월이 흘러갑니다
아쉬운 이 시간을 외면한 채 말입니다.
우리 귀중한 젊음도 광음(光陰) 따라
흐르고 있습니다.
진실한 젊음은 격렬(激烈)이 없는 것이랍니다.
고독하게 인생을 보내는 것은
젊은이의 멋이니까요.

소녀의 눈

그녀는 분명 그 초롱하고
애틋한 눈매로
나를 바라 보았습니다.
내가 그 소녀의 집을 떠날 때
그녀는 담장 너머로 내가 사라질 때까지
바라보고 서 있었습니다.
내가 두 번째 다시 돌아보지 않아서
그 소녀는 얼마나 섭섭했을지 모릅니다.

그리고 세월이 흘렀습니다.
조용한 이 시간
그 소녀의 모습이
아련히 떠 오릅니다.
이제 그녀를 만날 수도 없고
기억도 하지 말아야 합니다.
하지만 순정 어린 맑은 눈매는
나의 가슴에 남아 있습니다.

다방 레지

고독 아쉬움 그리움이
소외된 지는 이미 오래
징그럽게 눈길을 주는 머슴아에게
주는 무표정은 숙련이 되었고
무심한 사람에게 베푸는 미소의 애교는
그런대로 차원을 달리해서
익혀 간다.

뭇사람의 커다란 눈알 속에
먼날의 아름다운 기억들은
아슴하게 사라져 가는데
하마 진실한 마음을 주는
빛나는 사람의
위치를 알기 전에
하고많은 눈총들 앞에
쉽게 퇴색할 자신을
갈고 닦아야 했다.

여정(旅情)

아무도 반길 이 없는
허허한 나그네 길
돌고 돌아서 내가 섰다.

막차도 떠나고
땅거미 쌓이는데
생명의 불꽃 있어
이 따사로움을 매만진다
아—! 이 밝은 빛이
나를 감싼다

황홀한 마음빛이
온통 누리에
넘쳐 흐른다
당신께
이 고운 빛
나눠 드렸으면

울산의 다방에서

적정(寂靜) 깃든 방엔
고요가 무섭고
거리엔 인간의 혼탁이 싫어
오르내리지도 못한 내가 설 곳 없다
지겹던 대화(對話) 끊기고
단 한마디 말도
한잔의 물 컵속으로 말려든다.

출렁이는 바닷가
짭짤한 갯물 냄새 풍긴 이곳
사람 호흡들이 다사롭다
안온한 조명
여인의 냄새를 맡게 한다
한 사람 두 사람
조그만 다방에
때묻은 정도 함께 흐른다

유정(有情)

객기(客氣)가 저며 들면
추녀(醜女)인 내가
미모(美貌)의 용자(容姿)로
잔잔(潺潺)한 호수
한복판에 솟아오른다.
기억조차 아련한 옛날인데
모두가 설익은 옛인데
정(情)은 색상(色相)과 세월(歲月)을
초월했나 보다.

연

일요 이른 아침
서리 내린 보리밭 밟으며
엄마와 함께 연을 날린다
연아연아 올라라
햇살이 온 누리에 흐른다.

—울진 근남 해 돋는 들에서—

동전 한 닢

돌고돌아 내 손에 왔다
땟물이 뭉쳐진
진주빛 반짝이는 미인이
귀엽고 순한 사창가 창녀처럼
반항을 거부하고
정해진 것처럼 내 손에 안겼다가
기약 없이 떠나 버리는 것
언제 다시 만나자는 약속도 없이.

님께 푸른 닷새간을

갓 피어오른 여린 풀잎새를
설사 나길 무릅쓰고 뜯는 소마냥
님께 체(滯)하도록 엽록체를 먹이고
싶다.

강하(江河)엔 성급한 낚시꾼
배꼽까지 와 닿는 물 가운데
뛰어들어 고기를 떠올리고
님께도 초록바다에
목까지 잠기게 하고프다.

색깔 있었던 지난날에

우리는 도시의 나변
고요가 내린 성전(聖殿)에서 만나
연잎같이 푸른 마음에
청초함 시들잖고
행위(行爲)에 가을 하늘 더 높이
피어 오른
맑디맑은 한 점의 구름이었다.
한 해가 바뀔 때면
으레 그 밝은 마음을
서로 약속이나 한 듯
예쁜 엽서로 전해지곤 하였다.

세월이 흘러
연륜이 쌓인 삶이 지나
어느 해에 마음 보낼
장소가 사라진 것이다.
소식이 끊기고 바뀐 해에 보낼
소박한 마음길의 통로가 삭아 버린다.
서로가 연꽃잎새
보다 더 고운 연분홍색에다
하늘빛을 닮은 색깔이었는데—.

만남

많이 늦게야 당신을 만난 이유는
마음 베일이 가려져 있었기 때문입니다.
우리는 무엇을 해야 할 것임을 분명
알고 있습니다.
옛적부터 타오르는 고독한 만남
더욱 진실되고 승화해 가야 할
거룩한 회동일 것입니다
우주에 고인 자연을 융화시켜
참되게 표현하여
진정한 평화와 평등의
흔적을 남기기 위한
우리의 만남은
맑고 의미 깊게 이뤄 갈 것을 믿습니다.

완전한 예술은 어떤 방법으로라도
나타내기 어렵고
진정한 초월은 말로써 미치기
어렵다고 하였습니다.
우리는 마음이 가슴에 와 닿아야 알고
허(虛)와 고요(寂)의 소리로 통하여
영원한 만남이 성숙한 것입니다.

상봉(相逢)

서로 연결되어질 수밖에 없었던 것은
꼭 만나야 하였던 필연(必然)인지
자연스럽게 상봉이 이뤄지다니
당신의 비원(悲願)인가
본래(本來)의 뜻인가

인간미(人間美)

허울 덮어쓴 말글 표현보다
서로가 진실됨을 느끼며 살 수 있다면
해가 거듭 바뀌 연륜 쌓임에
이맛살 주름 외려 맑게 맺히고
마음 향기 머금은 풋풋한 인생
진주알보다 더욱 영롱한
지혜 빛깔 쌓여
너와 내가 동등한 수준으로
통하는 인간미.

여로

내일 죽을지
모레 죽을지 모르면서
시시비비 역사와 문명은
연이어지고
영특한 인간이지만
굳이 내 잘남 너 못남
백지 한 장 사이
모든 것 서로 의지하여
새로운 창조 부여되는 것을
눈 한번 감으면 너도 없고
나도 없는 것을
그래도 욕심내어
살아야 하는 생.

그대 강 건너 보내고

새벽의 강가
그대를 실어 보내고
돌아오는 뱃길
애초에 아는 사실
우리 모두 떠날 것이
하늘엔 샛별 어리어
내 마음 한구석 여운
너무 빨리 온 아픈 이별

우린 다시 만날 기약 없이
흘러가는 물결 따라 떠가는데
짧은 시간이었지만
영원인 양 한 마음이였기에
새벽에 드리운 별빛처럼
사라져 간 행복이었어라

꽃망울 속의 이슬처럼

꽃망울 속의 이슬은
어디에서 생길까?
꽃 속이냐
대기의 환경이냐
맺어온 곳도
날아 흩어 온 곳도
있어 오는 듯 없어지는 듯
하듯이
분명 이것이 내요
하고 드러낼 수 없는 것

온 우주간에 존재하여
대지와 같은 꽃망울 속에
우리의 존재는 이슬과 같이
꽃을 피워주고
홀연히 있었다
초연히 없어지는 것

좀 더 영원이라는 것과
참에 가까워지려는 것은
잘못 변화 속에 흡수되지 않고

모든 자연과 환경을
정화시키는 영롱한 이슬과 같이
맑은 마음으로 걸러서
투명한 형체로
오고 감이 없는
현재 이름조차 지을 수 없는
모든 절차조건을 벗어나
산 생명력으로
시공을 초월하여
삼라만상을 위하여
존재 없이 존재하는 것

꽃망울의 이슬처럼.

세상에는 이런 사람이 살고 있다

그는 혼자
스스로 자폐증 환자라고
말하면서
머리칼을
대머리 되도록 뽑아 대고
임자 모르는 무덤가에
여름 땡볕이 쏟아지는 한낮에
잔디를 한 개 두 개 뽑아 심으며
외로움에 겨워 밭둑가의 풀을 벤다

밤이면 문을 걸고 혼자 잔다
자기도 사람이면서
사람 만나기 싫다.

님의 뜻이라면

고난(苦難)과 역경 속에 미소를 머금을
수 있는 것이
님의 뜻이라면
죽어도 슬퍼하지 않으리라.
죽음과 삶의 초월이
님의 뜻이라면
내 말없이 님을 따르리라
온 우주(宇宙)를 사랑할 수 있는 아량이
님의 뜻이라면
조금도 이 몸 아끼지 않으리라
우주가 가루되어 또 다른 우주가 되길
반복함이 숫자로 계산할 수 없어도
함께 하심이 님의 뜻이라면
불만 없이 님의 뜻에 고이 안기리라.

작설차(雀舌茶) 한 잔이 되어서

어느 하늘 아래 아련히 안개 내리고
별빛 달님 정기 내려
흙 속에 맺힌 숨결의 정수(精髓)받아 잉태한
작설 잎새.

때를 안 선녀가 여린 속잎 떼어
화탕지옥(火湯地獄) 구르다 나왔으니,
은은한 맛 새롭게 태어나 귀히 화장하고 예쁘게 좌정하여
세속의 손으로 돌고 돌아
우여곡절 혜화동 전철 2번 출구 옆
'예총회관' 까지 왔느니,

이제 열탕에 몸을 사뤄 혼신을 바쳐 정기를 쏟아내
정 나눌 분들에게 미향의 감각으로 솟는다.

나를 취한 이들 좋은 연분 되고
내 생령(生靈)의 혼 그림자 꽃잎 영상 되어
연하디연한 혀끝에 감촉돼 맑게 흐르는
생명의
정령(精靈)으로 환생(還生)한다.

* 화탕지옥(火湯地獄) : 차를 볶는다는 뜻
〈자유문학 추천 작품〉

제3부 사계절(四季節)

봄의 관조(觀照)

갈무리던 동면(冬眠)
생명되어 솟아오른다
파릇파릇 새싹
노란 개나리
그윽한 목련화
화창한 벚꽃
저 희망찬 생명뒤에
여름 향한 가을의
우수(憂愁)를 품는다.

이 봄에 노신선불(老神仙佛)이여

개나리 노랑 천지(天地)
산 산 불 붙은 진달래
초록빛 생명 안고 솟구치는 아롱이
답답했던 동면(冬眠) 마치고
한숨을 토하고
아— 이 대지엔
마음껏 가지에 펴누나

적막(寂寞)겹던 우울(憂鬱)
기나긴 예명(叡明)은 가고
이제 나도 내 봄을 맞으려나
얼었던 사랑 꼬였던 마음 트여
포근한 자연이 나를 맞이하니
내 선념(善念)밖에
아무 보상(報償) 없소
갓 피어난 새봄과 함께
노신선불(老神仙佛)이여
늘 함께 있으리라.

봄비

안개 어린 산하(山河)에
그대 모습 자리한다
자우(蔗雨)가 내린 속에
임의 얼굴 솟아오른다.
내 어쩌다가 흙투성이 걸레 조각으로
착각하였을까?

봄비에 차츰 씻어 내리면
아~ 맑게 드러난다
내가 감히 근접할 수 없을 정도로
투명한 당신의 빛이
청잣빛 해맑은 비단조각같이.

봄을 맞는 한강

천억겁 거꾸로 흘러
봄을 맞는 장하(長河)에
굽이굽이 생명 들어 숨쉬고
햇빛 온 누리 받아
미래(未來)를 초월하여
신(神)을 간직한 웅자(雄姿).

봄이 익어 가는 곳

대지(大地)는 양기(陽氣) 모아
화사한 봄을 피워 올리고
순이와 돌이는 봄바람나
고향 떠날 차비를 서두른다.

예전에 낯익은 스님
우연히 길에서 뵙더니
주름살 여러 줄로 깊이 생겨
봄은 무상한 스님의 이맛살에
맺어 익어 가는 곳.

이른 봄비

지루한 동면이 깨어
대지(大地)에 내린 자우(蔗雨)
포근히 냉기를 녹여
산과 들에 새싹을 터뜨려
환한 봄날 맞아
물기운 천하가 생기를 부추긴다.

낱낱 생명들에
함초롬 물먹은
부드러움 먹이되어
맞음의 망울을 키운다.

봄이 오는 소리

부인네 젖망울처럼
얼었던 대지(大地)는 물렁물렁
포근한 햇살기운
모든 생명 움터 올린다

평야는 자모(慈母)의 치맛자락
만물을 감싸고
산은 산대로 정기(正氣)를 물고
나무의 진액을 배태한다

아지랑이 속에 봄 냄새 흠뻑 물어
봄의 소리 토해 낸다.

시골 봄 저녁

가가 가가 가가 가가
개구리 봄저녁 맞는다.
갓 피어난 여린 잎새
밤이 오는 음기(陰氣) 머금고
산 생명 모두 바삐
내 집으로 찾아들어
봄의 저녁은 연녹음
향기 모인 적연(寂然)의 향연.

어느 날 동해(東海)의 봄

은모래 빛 바닷가
어부들 성실한 조업 중
바다 밑에 고요가 깔려
삼라만상 확, 다 보인다
조각배 한가히 노닐고
태양은 서서히 동해에
열기를 모은다.

봄을 맞는 덕성여대 교정

도시의 여정(女貞) 모아
물기 타고 오르는 봄의 향연(饗宴)
후박나무 눈 트고
진달래 개나리 목련화 피어나
여신의 혼을 빚은
화려한 님의 모습
자우(慈雨)는 숨결 죽이며
교정을 축이는데
구석구석 꽃망울 닮은
소담한 여인 천하.

봄의 석양(夕陽)

생명의 활기를 접으며
더욱 밝게 타는 노을
밤의 영웅 같은
적멸(寂滅)을 안고
꽃눈 어린 여린잎새 어루만지며
서산으로 내리는
붉은 용광로.

봄을 맞는 충주호변

소백산 감아 흐르는 충주호변
산 산 기암절벽 신비한 자태로
천신이 은거하고
단양팔경 곳곳엔 사람의 휴양처
산자락 둔덕진 빈 밭뙈기
주황색 사태로 드러났다.

젊은이는 도시로 가고
늙은 농부의 기거처
골패인 산기슭
게딱지 같은 집들
옹기종기 모여
봄을 맞는
안개 어린 기나긴 강줄기.

6월 전방지(戰方地)

산기슭마다 군막이 숨쉰다.
몇 킬로 가깝게 통제된
초소의 살벌한 총부리
군사 분계선
남쪽으로 남방 한계선
말 뿐인 비무장지대
산천초목도 화기(火器) 질려
자라지 않는다.

남북은 두동강인 채
병사는 완전군장에 목이 탄다.

원적보궁(圓寂寶宮)

삼사(三使) 백골(白骨)부대
사즉필생(死則必生) 정성 모아
관음(觀音)의 정기 어린 대도량(大道場)
좌청룡(左青龍) 우백호(右白虎) 뚜렷이
가싸
혈(血)판의 꽃망울에
안좌(安坐)한 여래좌상(如來坐像)
원적보궁(圓寂寶宮)
민주원혼 수호사리탑
대종(大鐘) 울려울려
왕생극락 하리.

여름 서구의 여인

맑고 밝은 빛 타는 눈
내 모든 힘 감싸 버린
그런
위력의 눈동자
서구의 정 풍미가 넘치고
검어지려는 살갗 속으로
건강미가 접어 들어
충만한 정기(正氣)
행기(行氣)라도 연상하려다 보면
녹아 빨려 들 것만 같다
작은 물방울이 큰 물방울 속으로
흡수해 버릴 것같이
철철 넘치는 칠월의 녹음과 같이.

6월 여행

연초록 섶 가르며
땅거미 지삼고
하염없이 걸어가고 있다.
내가 안정(安定)되어
주위 산만치 않아
조용한 이 모두의 세계
원래(原來) 오감 없는
연푸른 누리
억겁 통해
제자리 걸음
쳇바퀴.

여름나절

짙푸른 녹음이
무더위 계속 삼켜도
콧길이 탁탁 막히는 삼복
열기가 대지(大地)를 휘감아
기운 받은 푸른 생명
한껏 진액 뽑아 올린다.

아스팔트 길바닥은
엿가락처럼 늘어나 휘이고
사람의 몸도 마음도 흐느적인다.

가을의 대관령을 넘으며

불 붙은 대관령 산정
붉은 천지(天地)의 순정한 색깔
청솔 사이 계속 타오른다.
개울에 흐르는 수정 같은 맑은 물
낙엽을 흘러내리고
머루랑 다래넝쿨 서리에
힘겨워 맥이 놓인다
굽이굽이 산허리 감아 돌아
장대한 산정을 오른다.

늦가을 (1)

황혼빛 놀 삼키며 대관령 넘는다
식어가는 대지엔 어둠 소롯 깔리고
산세의 수려함
온통 마신 채
둔덕 깔린 들녘
서리 내린 만추 정경
우리 조상 봇짐 지고
세월 없이 걷던 길 누비며
지표선 따라 칠흑 같은
산하를 치며 간다.

늦가을 (2)

1.

무상(無常) 흩날리는 계절
산정(山頂) 은 노인 등
외기러기 창공에 높이 떴다.
누덕옷 입은 대지
선정(禪定)에 들고
누리엔 이승(尼僧)의
두상처럼 변해 간
회색깔.

2.

적벽 걸려 피어난 단풍
삭여낸 자연
광활(廣闊)한 퇴적장(堆積場)
압축(壓縮)된 허공계(虛空界)
모양 모양
뭉게구름 먼 하늘
피어나는 적묵(寂默) 만들고
산색(山色) 광겁(曠劫) 돌아
꿰어진 고리

이 가을에

1.

만삭된 부인 아기 낳듯
모든 수목은 열매 토해 내고
땅 진액 뽑아올린 오곡 베어져
둔덕에 깔렸다
삼라만상 동면(冬眠)에
들 준비 갖추고
삶의 주름도 한결 드리워.

2.

곱게 늙어가는 황혼의 물결
정기(精氣) 빼어 문 열매들 속삭임
온통 누리엔 맑은 서정
어떤 애환도 삭여버릴 초연한 자태
겸양도 몸부림도 상관찮은
무심(無心)의 용자
거두는 계절이라기보다
베품을 위한 서둠
황혼의 색깔도 덧없이 흐름을
자연은 안다.

3.

황갈색 내린 적멸
천하는 맑디맑은 노년기로 접어들어
퇴색해 간 연륜
억겁 초월한 퇴적
받음도 베품도 무상(無常)에 쌓였어라
눈을 뜨면 타는 색깔 속에
내재한 생명의 모진 침식
마음 열면
삶과 죽음의 빛깔
원래 없었어라
우주는 높아가고
맑게 가진 인생도
새롭게 태어나리다.

가을에

우수수 낙엽이 내려
가지만 앙상한 나목 이루고
들녘엔 추수 북데기
무성했던 녹음 바다는 썰물처럼 지나가고
썰렁한 대지(大地)
생기의 눈을 감춰
기나긴 동면(冬眠)을 준비한다.

처처(處處)가 퇴색하여
변화된 형태의 생명을 잉태한다.

도시의 추(秋)

낙엽처럼 모인 도시
생존의 틈바귀 뚫고
물결처럼 넘실거린다.

곳곳에 신선한 빌딩
우후죽순(雨後竹筍)처럼 솟아
만추(晩秋)의 나목(裸木) 도시였다.

사람마다 걸음 빨라지고
거리엔 설익은 단풍이 뒹군다.

초가을 고향 가는 길

골짝마다 황녹색
양탄자처럼 깔리고
노변에 들국화 파랭이
잡종 꽃들 장엄 이뤄
계절마다 피어 올린다.

마을 어귀 아가리 벌린 밤송이
수수머리 삼단처럼 드리우고
백로는 모이 찾아 강가를 누빈다.

남색 들고맨 하늘바다엔
뭉게구름 회색깔 대지 감돌아
고향 가는 길 순결한
마음결 수놓는다.

가을의 서녘

성숙한 황혼의 빛
밤의 쉼을 기다리며
서녘으로 기우는 영원한 용광로
우주를 밝은 빛으로 감싸 물고
억겁을 초월하여
선정(禪定)으로 돌아 앉아 내린
대일여래(大日如來).

저무는 가을

우수수 떨어진 낙엽
수북히 쌓여
나목의 변방을 덮고
썰렁한 들녘에 추수 북데기
대지엔 씨알의 눈을 감춰
기나긴 동면을 준비한다

무성했던 과거(過去)는
썰물처럼 지나가고
무상(無常)의 냉기(冷氣)가
만리장천(萬里長天)에 내린다.

가을이 내리는 한강

억겁으로 내려온 이무기
도시의 굉음에 이무기
여름 장마를 담아온 물결
가을색 닮아가는 물빛
온 산하의 정기 모아서
회색깔 간직하여
영원으로 흘러내려
더 높이 뜬 구름과 함께
가을이 열린다.

환절기 가을

늦여름 무르녹아
가을로 옮아
대지는 노화기(老化期) 접들어
퇴색된 녹음
황혼으로 물들고
하늘은 청잣빛 드높아
만리장천 드리운다.

시골 가을밤에 혼자서

대지 서늘하게 식어
낙엽은 뚝뚝 떨어지고
인적 끊긴 시골
멀리서 컹컹 개 짖는 소리
적막 깨뜨리고
고요한 나 혼자 방에서
외로운 나를 본다
삼라만상 황혼으로 저물 듯
나도 늙어 혼자되어 가는
가을이 내리는 시골 밤.

겨울 석양

설점(雪點) 부슬부슬 녹이며
타 내리는 노을
눈부신 햇살 영명(靈明)하여
살아나는 고요 만들고
틀고 앉아 내려
밝디밝은 좌선(坐禪)에 든다.

초겨울의 여행길

몽개솜 산허리 감아
하늘에 올리고
청청한 소나무 퇴색한 낙엽
억년을 피고 지는데
시종(始終) 모르는 우리 가는 길
어디로 흐르는가
아직은 포근한 기운 대지를
감돌고
여행길 나그네 담연(淡然)한 꿈 안고서
겨울 맞는
여정 흘러흘러 어디에 머무는가.

눈이 내려

백설기 온 누리 덮고
암울한 창공엔
덜 깨달은 이의 심상(心想)처럼
혼혼하다.
쓰고 달고 온갖 형상
눈밭으로 덮어
대지는 하얀 묵좌(默坐)에 들고
하늘은 온통 살아 있는 회색깔에
산하(山河)는 적막 열리어
환한 세상에
눈이 내린다.

겨울 나그네

정처 연고지 망각한
자유 안고
온통 언 하늘 아래
입김 불어 넣어
동한(冬寒)을 누빈다
세상의 인정

얼어 버린
나그네 설움 알랴.

설경(雪景) (1)

눈부신 흰빛 바다
적요(寂寥)가 내려
냉기(冷氣) 어린 산하(山河)
팔딱이는 생명 간 곳 없고
지척(咫尺) 막힌 은빛 대지에
신선불(神 · 仙 · 佛)이
적멸(寂滅)에 들었다.

설경(雪景) (2)

혼혼(昏昏)한 대지(大地)에
적조(寂詔)가 내려
삼라만상 온 생명
잠재우고
하얀색
한가지로 변해
온 누리 들고
하늘에 간다.

겨울 아침 해

설경에 피어오른
광대한 해바라기
밤새 냉기(冷氣) 몰아
살아오른 광명
우주 공간 열려
천지 녹이는
영원한 빛의 조상
얼어버린 긴긴 동면(冬眠) 깨우며
눈 덮인 산하(山河) 음한(陰寒) 달궈
대지의 혜명(慧命)을 연다.

제4부 자연(自然)

여울

흔들리는 그림자
그것은
불변(不變)의 여울
과거 현재 미래
삼세(三世)가 같은 물은 아니지만
여울이란 자체(自體)는 예나 지금이
변함 없어
우주의 공간은
한없이 넓다지만
언젠간 변해
흔들리는 그림자
그건 여울
부드러운 물결
자비(慈悲)로운 손결.

산새 울음

광활한 대지에 숲이 많아도
깃들일 만한 집이 없이 서럽다.
야수와 바람결 쫓김에
피곤한 울음보다
사랑의 보금자리 그리움
계절 바뀌는 아쉼 속에
옛정이 매정해
잊어버린 미(美)가 더욱 승화하여
산새울음은 자연에 동화(同化)해 버린다.
나뭇가지마다 배웅하는 손결이
부드러워 산새는 그래도
외롭지 않다.

가지

이제 낙엽이 떨어지면
거기에
내일의 진통인
아스라한 눈매가 깃든다.

지난날
수많은
너와 나와의 관계를 가꿨다.
넌 사랑과 슬기가 넘쳤다.

지난밤 폭풍우란 사나운 손님의
살벌한 배웅을 마치고
이제 너는 혼자
올올이 남는다
아픔의 상처가 아니라
순화의 눈시울이다.

일출(日出)

억겁(億劫) 익힌 날개 펴고
이글이글 타는 영원(永遠)한 불덩어리
적나라(赤裸裸)한 염원 우주
감싸 돌아
꿈틀이는 생명의 용광로(鎔鑛爐)
대일여래(大日如來)
동해(東海)여 고요하라
인류여 조용하라
해가 솟는다
밝아 오른다.

산하(山河)는 여래상(如來象)

고산(高山)은 묵좌(默坐)에 든 여래(如來)
강하(江河)는 굽굽이 본래(本來)
를 장식하고
산은 산대로
물은 물대로
적연(寂然)한 여래상(如來像).

꼬부랑 할아버지

형색 남루한데
얼굴마저 검게 떠
혈색 좋던 옛추억 더듬으며
눈곱이 한 뭉치나 달려 있다
옛날 신나게 기설(氣泄)하던 에너지는
공간(空間)에 뿌려지고
신수(腎水)는 말과 꼬다려져
땅속에 기어들
준비 갖추나 보다.

무로(霧路)

안개 길
모진 삶
달려도 끝없는 길
우리의 종착(終着)은 어딘가
시작의 끝이 다시 시작 되어
완성된 시종(始終) 없는 이 반복
잎 떨어졌다 돋아난 기억도 사라져
인생의 목표는 무엇인가
누구나 빛나는 내일이 있을까?
낮에는 햇살이 온 누리에 가득하겠지.

파도

쏴아—.
철렁—.
그림자 지우며 달려든다.
흰 거품 문 성난 얼굴
억겁 통해 닮은 모습으로
질풍같이 모래밭 밀어제치며
바위틈을 깎는다.

소리

천지에 은은히 흐르는 소리
광막한 대지(大地)에
바람 소리 새소리
인간이 조작한 기계 소리
과거가 바꿔 현재
다가올 미래의 소리
온 누리 가득히 생명 꿈틀어
다른 조화를 바뀌는 무한한 소리
소리소리 소리소리

자우(慈雨)

살포시
하늘 기운(氣運) 타고 온다.
나무 눈매 물기 머금고
훗날 풍성한 잉태 위해
기지개 켠다.
영롱한 이슬방울 모여모여
생명의 용틀임
천하는 온통
생기찬 물이다.

도시의 백로(白鷺)

아득히 머언
조상 대를 이어
그 자리 살던 고향
뻘물 무서운 인간 공해 무릅쓰고
사경(死境) 아랑곳
올올적적(兀兀寂寂)
乙자(字)로 섰어라
뭘 먹고 사느냐
생명의 씨알 하나 없는데
퇴적된 썩은 강변에서
계속 저렇게
처염상정(處染常淨)일까.

* 처염상정 : 더러운 곳에 있어도 본인은 항상 맑다는 뜻

수마(水魔)가 할퀴고 간 자리

하늘은 완전 봉창이 나
온통 물나라로 만들어
인간의 피와 땀을 순식간
한 입에 삼켜 버리고
그래도 대견한 듯
물 천지 넘실거린다.
인정사정 볼 것 없이
오직 아래로 내려
모여 뭉쳐 곤두박질하여
과감한 하향(下向)으로
무지막지한 위엄 갖춰
할퀴고 간 자리
외려 조용함이 깃든다.

봄비 속에 떠나는 소리

옛날 그 사람 다시 오지 않고
지금 그이도 저만큼 떠나
우리 모두 이렇게 스쳐 가 버리고
이른 봄에 오는 빗소리
새싹 돋아 낸 자연스런 풍우(風雨)
만상(萬象) 축여 흐르는
하늘에서 내리는 물방울 소리
나 혼자 여기서 듣는
흐르며 떠나는 빗물 소리.

매미가 죽음을 맞이하는 날

쓰르람 맴맴ㅡ.
매용ㅡ매용…….
여름 한나절 신명나게 울어 재끼던
기억을 아련히 그리며
어느 날 늦가을 맞아
발가락 까닥까닥하면서
내 죽네 맴맴…
반십년 넘게 암울한 땅속에서
선각(蟬殼)의 해탈(解脫)을 기다리며
기나긴 세월에 고요의 동작으로
지기(地氣)를 마시면서
지선(地仙)의 정(靜)을 누렸던 매암이여

이렇게 짧은 한 해의
반쪽이 저물어 가는 절기에
나는 다시 자연으로 돌아간다
잘 있거라 시원했던 여름아
언제 다시 태어날 것을
또 다신 기다리지 않는다
발가락 까닥까닥하면서
나는 본래로 돌아간다.

신곡댁 살구나무

〈생각이 나서－〉

산기슭 아래
신곡댁 옛터
살구나무 고목되어
흉물스럽게 누웠구나.

이른 봄 살구꽃
환하게 피워 올리고
주근깨 문양 어려 있는
팥살구였지

시고 달콤한 열매
어렸던 우리들 찾아가면
신곡댁 할매
바가지에 몰랑몰랑
노오랗게 익은 살구 주워 모아
우리에게 주는
그 할매의 즐거움이었지
여름 마당 그늘 드리우며
먹거리 주었지

어느 날 그 할매 돌아가셨고
잡초가 오두막 삼킨 채
너는 그 집가를 지켜
몸통이 썩어가도
새롭게 옆가지 나와
마지막 생명 피우려 애썼는데
이제 아주 송두리째 넘어졌으나
신곡댁 할매보다
훨씬 살아 버텼다.

노고목 살구나무
너의 순수한 내력을 나는 안다.

〈다시 생각이 나서―〉

담장 기대어
온갖 풍상 외면한 체
수백 년 동안
가지가 늘어지도록
많이도 달렸지
바로 밑에는 소마답

소똥 옆에 떨어진
보랏빛 서린 노오란 살구
맛나게도 주워 먹었던 아이들
어른 되어 출세해 가기를
몇 번이나 거듭했건만
너는 거기서
묵중히 자리 지키며
꽃과 열매 무던히
토해 내었지

세월 흘러
아이들 다시 돌아오지 않고
저승 가신 신곡댁 할매
엷은 미소
영원히 보지 못해
네가 물렁하게 익으면
열심히 쪼아먹던
까막까치 후예마저
종적이 묘연한데
너 베푸는 미덕
온몸을 사르는 희생

자연에 이르는 초연한 실현
어느 누구 하나
고귀한 행적 추모하는 이 없구나

하늘 위로 계절 바꿔
세월 가면 섞어 놓아
그 자리 쓰임 있으면
흔적조차 사라지겠지

사동 장밭골 신곡댁 살구나무
이른 봄 화사하게 피워올린
꽃 색깔을 나는 안다.

＊소 마답 : 바깥이나 마당가에 소나 말을 매어 놓은 장소

〈월간문학 발표〉

제5부 풍 물

시골 객사에서

시골 객사에 머무는데
창밖엔 솔바람 소리
희미한 달빛 무거운 짐 졌구나
피로한 길 한없이 가도
종적은 없는데
내 가야 할 길은
오직 걸어야 할 길은 그윽한 마음의 나라인데
농사짓고 소 먹이며 저축하여
논밭뙈기 사니 자손만대 풍요 물려준다.
후손들 잘 살면서
우리 할배 돌땡이보다 야물어
살림터전 이뤘으니
우리도 노력해
문전옥답 장만하잖다.

바삐 바삐
살기 설치느라
나를 잊었구나
식구 잘 살고
친구 알다 보니
진실한 참 나를 잊었구나!

시골 우시장(牛市場)

소의 형상(形象)과 육(肉)과 크기에 따라
시세(時勢)의 눈금이 측정(測定)되고
중개(仲介)가 마음 없는 금을 놓기도 하고
더러는 술 한잔이 그리워
마음 있는 가격을 띄우기도 한다
소의 엉덩이를 두드리는
박력에 따라 시가의 결정이 좁혀 간다.
허리춤에 왔다 갔다 하는
지폐 뭉치는 소의 모양이다.

＊금 : 물건의 값

농부

농부는 일념으로
논둑 풀을 깎는다.
긴 둔덕을 다 베어 갈 무렵
돌부리에 걸려 넘어지는 순간
확철대오(確哲大悟)하리
이 농사꾼도 삼세(三世)를 초월한다.

＊확철대오 : 크게 깨달음

태백준령(太白峻嶺) 넘으며

연록(軟綠) 출렁이는 산등성
산 산 기암절벽
노송하(老松下)의 고불(古佛)
어느 곳에 계신가?
거봉(巨峰) 힘속에
흑봉호(黑蜂戶)가 무한히 뻗쳐
아득한 태백맥(太白脈)의 천하에 흘러 내렸다.

* 흑봉호 : 자연생 벌꿀의 집으로 석청을 말하며 석탄의 매장을 의미한다.

망월사 주지 스님 뵙던 날

음양(陰陽) 양(兩) 정기(正氣) 서린
망월사(望月寺)엔
계곡 입구부터 까치울음 반김 속에
내 인연 있었던 분이
주지 스님 되어 계실 줄이야!
10년이 두 번 이상 지나서
기약 없이 만나지다니 반가워 손잡고
일행과 더불어 다과도 대접받고
불사(佛事)를 대담하게 추진하시는
얘기도 끝없이 길어지고
케이블카 설치하여 법당 확장할
잔해 끌어 올리는
스님의 범상찮은 실천에
꽥! 소리 몇 번이나 질렀는지
양기가 온통 서린 좌선방(坐禪房)엔
오뉴월 불볕더위 아랑곳
여러 사람 선정(禪定)에 들고
모든 수행자까지 시봉하며
대불전 건립에 여념없는
주지스님 원력의 모습
망월(望月)을 닮았다.

불영사(佛影寺)를 지나며

태백준령 감돌아 내려
산태극 수태극 명당을 만들어
불영 계곡 만불상 골짝마다
숨 쉬며 침묵한다
산자락 양지 골엔
농가가 봄을 기다리고
영기(靈氣) 받아 굽이굽이
돌아가는 영주선 가는 길
회색깔 산기슭에 산신(山神)이
입정(入定)하고 있다.

도시 변방 가을 농토

사람 물결 주눅 들은 교외 농토엔
바랭이 피 쇠뜨기 달개비...
온갖 잡풀만 산재(散在)해
형편 무인지경(無人之境)

토지(土地)는
한탕 기회주의 부동산
황금날개에 편승하여
조용한 베품을 잊고
잡초의 씨앗만 쏟아낸 채
흙을 가꾸지 않는 수수방관 지대
이 가을에 노오란 먹을 수 있는
열매의 결실은 없다.

한계령 천지(天地)

깎아질러 차디찬 설악천지
굽이 굽굽이 돌아도는 한계령
기암괴석 정수(精水) 모아 오색천 이루고
인간 한 서린 주전골
성국사 고불(古佛)은
자연경관에 솟아 앉았다.
선녀탕(仙女湯) 맑은 물속에
영롱한 자갈
수천년을 간직하고
용소폭포 잠용을 재운 채
깊은 검푸름 지새운다.

하늘로 사다리 놓인 골짜기
부처님 좌대 옆엔
보살의 호위받으며
옹호하는 갖은 축생
신장님 많기도 하다.

울진 화장계(華藏界)

동해의 정기 모여
절승지(絶勝地) 된 곳
월송정 망양정 백암천 덕구천
성류굴 불영곡 일월산……
―하여
동해(東海)의 햇살은
먼저 울진에 떠오른다.

몸은 비록 고향 떠났지만
마음은 향수에 젖는다.
가을 되면 높푸른 하늘
드리울 걸 생각하면
더 무슨 아쉬움 서리겠는가
지금은
불영사 동편(東便) 범종루(梵鐘樓)
니우함월(泥牛含月)의 현판 없어졌고
산태극(山太極) 수태극(水太極)
둥우리 틀고 있지만.
억겁 지나면 갈아지고 무너져
형질변경(形質變更) 되겠지

없어지고 변해 간다는 것
외려 참다운 이치(理致)
산자수명(山紫水明) 굽이굽이 흘러
동해(東海)에 이르듯......

중의학(中醫學) 소고(小考)

헤에겔 변정 철학
큰 부대에 자꾸만 들어가도
차지 않을 광범한 이론이라지만
아-! 중의학
그 무량 광대한 경험 역사의학
한의학(韓醫學)인 중의학을 발향(發向)하여
상하이 베이징 호북성의 우한 이시진
본초학 발상지……
여러 곳을 답습했다.

도인, 안마, 침구, 본초, 처방, 기공서 등등
산처럼 교제 쌓여
청빈한 학자들
일생 사투한 연구 저술
그 넓은 천지 서점마다 가득해
이래도 우리 동한의학(東韓醫學)이
세계에서 제일 우수한가
웃는다.

웃어 자만심 버리라고 겸손하여
더 크나큰 경험의학 받아들여야 한다

아무리 우리 백두산 족
중국천지 조상들 뿌리라지만
우리 후손 그냥 앉아
졸고만 있을 것인가.

주역(周易) 사제(四題)

1. 초(初)

하늘, 땅, 바람, 우레,
물, 불, 산, 못,
팔괘(八卦) 자연 현상
음양(陰陽) 양(兩) 세력

만물 근원 산생(産生)
상호(相互) 작용
사회 변화 맞물리며
풍요로움과 소박함이
풍전등화같이 나타난다.

2. 종(從)

높은 하늘 낮은 땅
흉화로 평정돼
높낮이 귀천(貴賤))
동정(動靜) 얽히고
부드럽고 강하여 끊어져
바야흐로 길흉 형상(形象)

변화무상
육심사쾌 삼백팔십사효(爻)
바람 불고 비 내리며
해와 달이 윤행(輪行)
밤낮 바뀌며
하늘에 남자 되고
땅이 여인 돼
태초 열려
삼라만상 형성

3. 중(中)

천지 기준
도(道)의 벼리〔綸綱〕
우러러 하늘 문화보고
구부려 땅 이치 관찰
그윽한 밝음이여!
원래가 시작되어 반복하고
정기(精氣)가 물질을 만들어
영신(靈神)을 제공
하늘 땅 치우치지 않아

만물 이치 우주 가득
자연 즐겨 사명 다해
근심찮아 화평한 인자(仁者)
천지 변화 사랑
물물 형성 끼쳐
밤낮 진실 따라
방편 초월
음양 조화 순조로워
참 성품〔眞性〕 이뤄
눈 밝은 자 견성(見性)하고
지자(知者) 이뤄
혜명(慧明)으로
우직백성 순수한 등불

4. 결(結)

해가 뜨고 달이 지매
낮과 밤 생명을 탄생
봄, 여름, 가을, 겨울
사시(四時) 어김없이
고리 지어 돌고 돌아

용사(龍蛇)가 엉켜
서식지를 형성하고
정(精)이 충만
입신(入神)의 길을 닦아
태평세를 구가하여
대덕(大德) 길러
허물 떨쳐
미혹 사라져
대지혜(大智慧) 살아나
이룬 태허(太虛)의 성덕(聖德).

중국 황학루(黃鶴樓) 기행(奇行)

1. 여동빈 선인(仙人)

당(唐) 포주 영락현 명문세도
거북 학 범 용 봉황 형상 닮아
여덟 살 전 백가(百家)서
통독했던 문장가
종리권(鍾離權) 선인 따라 도통(道通)
상청(上淸) 귀의하여
푸른 두건 누런 장삼 짚신 검은 허리띠
칼 차고 불진 쥐고 다녔다.
거지꼴 늙은 노인 환자 행세
기인으로 둔갑 병고 다 고쳐주고
구걸한 돈 가난한 자께 나눠줘
여산(廬山)의 선동(仙洞)서 수련
신이(神異)한 행적 그곳 주위
삼척 동자라도 알고 있었단다.

2. 객주점과 여동빈

호북성 무한 옛 지명 강화(江吴)
신유비(辛猷丕) 주점

거지꼴 회순양(回順養) 나타나
외상술값 반 년 삼천 냥이나 되어도
공짜로 대접한 유비 덕성에 탄복돼
누런 귤 껍데기 담장 그림 황학도
술꾼들 노래에 신기하게 쫓아나와
춤추던 황학 자태 보기 위해
구름처럼 모인 사람
뿌리고 간 돈 산처럼 쌓여
큰 돈은 어질고 착한 사람에게
하늘이 내려 주는 것
회(回)자의 입구(入口) 위로 놓으면
여(呂)동빈 신선님
신유비가 정체 밝히자
황학 불러 타고 날아갔던 자리
전설속 황학 누각
안개 위에 솟아 올랐다.

3. 황학류 주변

곤륜산 장맥 내력
강남용래(江南龍來)

강북망(江北望)
무한시(武漢市) 지기(地氣) 모아
누에 같은 산새 형국
잔등 자리 잡아
굽이굽이 아득히 흐르는 장강(長江)
신선 잉태했던 곳
모택동 사인방
정권 과시 위해 목욕한 곳
삼국 전쟁 유적
본초학(本草學) 대가(大家)
의성(醫聖) 이시진 출생지
숱한 경험의학 산출했던 곳
이억 민족 육박 앞둔 호북성 민중
삼개성 교역 요충지
무한 장허리
남송 충신 악비(岳批) 장군
험상궂은 동상 장중히 누리 지키고
뒤편 고층 누각
얕은 기슭 감아 돌면서
천상 같은 대궁궐
도가(道家)의 최상명지(最上名地)

노자(老子) 후예 신선(神仙) 사당
섬세한 조경 풍치
돌, 물, 이용한
조성된 연못
인위 조작예술
자연풍광 닮은 조화
꿈에나 뵈올 듯한 천국
중국 십대 명소
황학루 가 봐야 알지
언불가급(言不可及)
쪽필로 표현 닿지 못 한다.

* 종리권 : 한나라 때 신선
* 상청 : 옥황상제의 궁궐
* 장강 : 무한에서는 양자강을 장강이라 부른다.

부평역 하늘에도 달이

부평역 하늘에도 하현(下弦)달이 뜬다.
반짝이는 별도 함께 이웃하며
하루 종일 들어 온 빳빳한
만 원짜리 지폐
주인이 다 찾아가고
주머니엔 누더기 같은
천 원짜리 몇 장 남아
하루 일 마치고 내 집 찾아가는
발길 하염없이 즐겁고 가볍다.
부평역 거리에도 소슬한 바람 불고
하현달이 뜨더라.

제6부 민족 정화

어느 도인(道人)

초가을 서초 터미널
간단한 바랑 짊어지고
누더기를 빨아 입은 깨끗한 복색
맑은 청산(青山) 응시하며
적연(寂然)을 누려 왔던 맑은 눈매
담배 연기 풀풀 내뿜으며
무애(無碍)한 자태
콧수염 자란 대로 두어
발길은 우주 공간이런가

선조(先祖)의 맥(脈)

1. 자취

참성단(塹城檀) 제천단(祭天檀)
태극(太極) 묘향(妙響) 아래
백두산(白頭山) 정기(精氣) 이어
한국(韓國) 중앙(中央) 서해(西海) 우뚝 섰어라
마니산정(摩尼山頂) 상상봉(上上峰)에
천신(天神)이 좌대(座臺)하여
백의민족(白衣民族) 자자손손(子子孫孫)
성은(聖恩) 베푸시니
한배검 조상(祖上) 위시(爲始)하여
누대(累代)로 감응(感應)하셔
공경(恭敬)하는 성신(聖神)님
참배객(參拜客) 꼬리 물어 장사진(長蛇陣) 이뤄
모든 체육행사(體育行事) 불 뿜어 용기(勇氣) 주시고
조용한 아침의 나라
무궁화 꽃심되어
삼천리(三千里) 방방곡곡(坊坊曲曲)
감감 내려보인
촌촌(村村)마다 성수(聖手) 드리워
민족정기(民族正氣)

살아난다
피어난다.

2. 수행(修行)

단(丹)
우주왕기(宇宙旺氣) 한반도(韓半島) 어려
태우 한웅천황 받아들일 방법 알아
정충(精充) 기장(氣壯) 신명(神明) 견성(見性)
우아일체(宇我一體) 경지(境地) 깨달아
홍익인간(弘益人間) 실행(實行)했으니
삼일신고(三一神誥), 천부경(天符經), 참전계경
보전(寶典) 엄연히 살아
성경(聖經), 사서삼경(四書三經), 불경(佛經)보다
앞서 주인(主人)이었건만
외세(外勢)에 밀려
근본(根本)은 진하게 뻗어 왔는데
오늘도 이 산 저 산
행공(行功)은 신공(神空), 신단(神丹)으로 통해
크나큰 대아(大我)로 발향(發向)하고
염념불망(念念不妄) 의수단전(意守丹田)

천부경(天符經) 나툰 뜻
하나가 묘하게 펴지니
모든 것이 오고 모든 것이 가는구나
하나는 쓰임 바뀌어도
바탕은 움직이지 않은 채
하나는 끝없는 하나에서 끝난다.
기(氣)가 밝게밝게 어려
억겁(億劫)을 초월(超越)하여
영원불변(永遠不變)의 광명(光明)
단(丹)의 영명(靈明)
삼세(三世)의 감성(感性)이 열린다.

단(丹)

소주천(小周天)을 뚫고
대주천(大周天)이 열려
기(氣)가 붉게붉게 어리어
조해(潮海)의 일출(日出)
석양(夕陽) 노을
이보다 더 힘 있게 탄다.
억겁(億劫) 초월해
삼세(三世) 감성(感性)이 열린다.
모든 세상사
기 포섭(包攝)해
신선(神仙)이라 명명(命名)했었다.
모든 것
허구(虛構) 속 뺑뺑돌이
풀어도 영원히 감겨진
단(丹)의 신명(神明)

* 소주천 : 인체의 배꼽과 치골 사이 기해(氣海)혈에서 등뒤 줄기로 돌아올라 머리 청수리 백회혈에서 앞 얼굴로 코밑 인중혈로 내려 가슴 사이 잔중으로 다시 기해열로 한 바퀴 도는 것.
* 대주천: 인체의 전체 장부가 속해 있는 12 경맥(硬脈)을 모두 순환하는 것.

제7부　사찰 송시(寺刹頌詩)

계룡산 갑사(甲寺)

계룡산 정기(精氣) 모인 대명당(大明堂)에
천년 전 백제 혼이 어린

가장 으뜸인 갑자(甲字)로 띄워
계룡갑사(鷄龍甲寺) 이뤄

불법(佛法)을 장엄(莊嚴)하니
천하(天下) 중생(衆生)이 음덕(陰德)을 받는다.

천진보탑 진신사리
영롱한 빛 간직하고

대적전(大寂殿) 청정법신 비로자나불
오색광명 삼세에 어린다.

덕숭산(德崇山) 수덕사

차령산맥 정기(精氣) 뭉친 대혈궁(大穴宮)에
역사가 열리는 백제(百濟) 때
부처님 맥(脈)이 심어진 수덕사 도량은
은은히 웅장한 생동의 숨을 쉬며
선불장(選佛場)으로 거듭난다.

수덕각시로 화현하신 관세음보살이
도량을 중수한 전설도 서린 곳
불법(佛法)을 이은 조사님들
많이도 계셨지만,
우리 눈앞에 나타나셨던
경허(鏡虛) 스님의
성성적적(惺惺寂寂)한 활구(活句)와
만공(萬空) 스님의 혜탈의 달이
도량에 비춰

청연당(青蓮堂)에 화두(話頭) 열고
백련당(白蓮堂)에 보임(保任)하여
염화실(拈花室)에 인가(認可) 받아

일주문에 올라
크게 한번 웃지

수덕사는 천하에
선지종찰(禪之宗刹)이라고.

수덕사 큰스님 원주 시절에

수십 년 전만 해도 교통 길 없는
첩첩산중 아련히 백 리 길
수덕사 원주 스님은 삼보님께 올릴 공양물을
소등에 싣고 워낭 소리를 들으며
칠흑 같은 산 계곡을 넘어 오르노라면
워낭 소리 잦아지며
발굽 소리 고요를 찾으며 걸을 땐
장종발 같은 두 눈에 불빛을 흘리며
큰 짐승이 나타나서 앞뒤로
왔다리 갔다리 한다.

그때 대창우 일갈은

어험! 나를 건들면 산신님께 뻬(뼈)도 못찾는다!!
자꾸 지랄하면 신장님께 철퇴를 맞을 줄 알아라!!
내 등짐 속에 부처님 물건인데, 탈이 나면 니는
세세생생 무관지옥에 간다!!

소 등에는 축축히 땀이 서려 있었다.
어느덧 인시(寅時)가 가까워 일주문이 어리면
피 맛에 혀가 꼴리던 호랑이도

수덕사 도량신에 혼비백산 달아난다.
소의 등줄기에 흐르는 땀의 숨결을 맞고
정재(淨財)를 실어 나르던
원주 스님 큰 복 받아서
부처님 법 크게 깨달아
이젠 큰스님이 되셨다지요.

* 淨財 : 자선이나 신불을 위해 내는 시주금이나 깨끗하게 쓰는 물건.

수덕사 환희대(歡喜臺)

사바에 내린 극락도량
가을이면 원통보전(圓通寶殿) 주위는
온통 칠보(七寶)가 되어 일렁인다.

시성(詩聖) 일엽 스님
생사(生死) 일대사(一大事)를 누린 곳

물 흐르는 소리.
바람결 숨소리
어떻게 다릅니까?

풍광(風光)을 즐겨 환희대(歡喜臺)라 하신
만공대사(滿空大師) 열반(涅槃)에서 깨어나면

한 소식(消息)
크게 열리는 인연(因緣)으로
참배객(參拜客)이 되어 다시 오리라.

* 사바세계(娑婆世界) : 중생이 사는 곳.
* 한 소식(消息) : 불가에서 첫 깨달음의 속어로 사용함.

보련산 보탑사 화장계(華藏界)

백두대간 장허리
연(蓮)봉오리 혈궁(穴宮) 맺인 대명당(大明堂)에
불타(佛陀)의 정법(正法)이 내린
보탑사 높이 솟아
억만 중생(衆生) 해탈을 이끈다.

금당(金堂)의 출현 석가모니, 청정법신비로자나,
아미타, 약사여래 위신력 억겁을 초월하며
법보전의 무설설(無說說)이
삼천대천세계 울려 퍼지니
미륵불이 받아 미래의 불성(佛性)을 이어
삼세(三世)를 회통(回通)한다.

탑봉 상륜(相輪)부엔 불법(佛法) 내용
총괄 압축 설정으로 무한한
우주정기 받아들이며,
명기(明氣) 내린 도량엔
산신각, 지장전, 와불전(臥佛殿)......
각단이 배설해 주위를 장엄하고,
자연(自然) 풍광 닮은 주변
갖가지 꽃나무

보연정(寶蓮淨) 감로수(甘露水)는
만생(萬生)의 목을 축인다.

스님, 우바새, 우바이,
운영진, 도편수, 목수님 위시하여
불심(佛心) 모아
동양 전통 건축 총화로
승화시킨 대불사(大佛事)
보궁(寶宮) 창건하니
천추만대 물려줄
살아 있는 고귀한 불멸의 유산
세계인이 합장으로 공경한다.

찬란한 불교문화의 전당
민족 자존이 솟아오르니
우리의 염원 자씨(慈氏) 님
용화전인 보탑에
앞당겨 왕림하소서.

* 화장계 : 연화장(蓮華藏) 세계의 준말
* 금당(金堂) : 1층 법당

* 청정법신비로자나 : 부처님의 진신(眞身)을 나타내는 칭호
* 법보전 : 2층 법당
* 무설설(無說說) : 상(相)을 떠난 설법
* 삼천대천세계 : 불교의 우주관으로 소천, 중천, 대천인 삼종천(三種天)의 무한한 세계
* 우바새(優婆塞) : 남자 불교 신도
* 우바이(優婆夷) : 여자 불교 신도
* 자씨(慈氏) : 미륵불의 명호
* 용화전(龍華殿) : 미륵불이 상주하고 계신 보궁

〈월간문학, 2005. 2(432호) 발표〉

법보 종찰 가야산 해인사

아득히 신라 애장왕 때
순응, 의정 조사 수행 터인
우두산(牛頭山)에 오색광명이 비추어
왕비의 등창병을 고쳐준
불은(佛恩)으로 창건한 해인사

가야산 국혈(局穴)이 행주형국(行舟形局)
방주(方舟)의 돛대인
수미정상(須彌頂上) 사리탑(舍利塔)은
해인삼매(海印三昧)의 광명이
진법계 허공계에 비춰
연화대장(蓮花臺藏)으로
중봉(中峰)의
마애석불(磨崖石佛)이 선장(船長)이 되어
의상조사의 법성계가
수(繡)를 놓아 만 중생을 해탈케 한다.

대적광전 비로자나불이 석가모니불의
일대시교인 팔만대장경각(八萬大藏經閣) 앞에
보위하여
법보종찰의 중추(中樞)가 된다.

최치원의 자취 학사대 노목(老木)은
지금도 하늘에 오르고
홍제암 입구 사명대사비 등
암자마다 선조의 온갖 유적이
세월을 넘어 자리하고 있다.

근대의 대선승(大禪僧) 성우(惺牛) 스님 계셨던
앞마당에 눈꽃 쌓여
적멸(寂滅)을 이룬 퇴설당
선가규범이 엄히 서린 선방

한국 불교의 척추(脊椎)인
해인대학 불교 강원
불법의 맥을 끊임없이 배출한다.

해인총림의 방장과 종정이셨던
성철 스님 열반송이 살아 있고,

운허 스님, 자운 스님, 고암 스님, 금담 스님,
지월 스님, 영암 스님, 일타 스님, 혜암 스님......
열반에 드시는 둥 살아 계시듯......

사방 팔십 리 열여섯 암자를 거느리고
교구 본사로
붓다의 심장 속 고향 같은 곳
불설(佛說)을 만세(萬歲)에 빛낸다.

* 우두산 : 옛날 가야산의 별칭
* 해인삼매(海印三昧) : 석가가 화엄경을 설할 때에 들어간 선정(禪定)
* 성우(惺牛) 스님 : 경허 스님

보탑사 백비(白碑) 소고(遡考)
—사적에 유비무자(有碑無字)만 남겨졌을 뿐 누구 하나 밝히지 못한 세 가지 추측

1.

옛날 도통한 화상(和尙)의 행적을
제자들이 살아 생전 법을 높이 받들기 위해
구룡(九龍)이 여의주(如意珠)를 희롱하는
비덮개를 올리고
깨달은 법문(法門)을 비문으로 삼아
거북의 등에 올렸으나, 그 화상(和尙)은
심중(心中)에 있는 상좌를 불러 시키기를
"제발 그 비문을 깎아 없애고,
거북의 면상을 바르게 절게 하라!
네가 나의 법(法)을 알고 있으면,
즉시 시행토록.
원래 깨닭음도 전함도 없고
내가 있어 왔다는 것도 본래(本來) 없었다는 것을
내가 내마음을 알고 이어가고 있지 않은가?"

2.

득세한 권세가가 자기의 영욕을 알리는
비문을 세워 놓았는데,

비 주인공의 원적(怨敵)이었던
후손이 비문을 깎아 없앤 뜻은
"세세생생 영혼마저 업(業)을 짓지 말고
지금 이 자리에서
왕생극락하여 멸진정(滅盡定)에 드소서!"

3.

처음부터 백비(白碑)를 세워
"지구가 다하는 날까지
공적(空寂)한 적멸(寂滅)을 알리고
다만 없다는 공(空)에 떨어져
무(無)에 허덕이지 말고
구룡이 여의주를 희롱하는
성성(惺惺)한 법리(法理)를 알게 하라."

* 유비무자(有碑無字) : 비는 있으나, 글자가 없다.
* 화상(和尙) : 계(戒)를 수여하는 큰스님.
* 멸진정(滅盡定) : 번뇌가 다 없어져 정(定)에 드는 대승 경지.
* 성성(惺惺) : 심성(心性)이 새록새록하여 깨어 있는 상태.

〈월간문학, 2005. 2(432호) 발표〉

그는 수행의 체험이 배어 있다

시조시인 윤 선 효

유년 시절 해인승가대학에서 동거 수학한 본인은 황춘석 시인을 누구보다도 잘 알고 있다고 할 수 있다.

누구나 삶의 역경이 많았겠지만, 그의 지난 풍상(風霜)은 누구 못지않았다.

황 시인은 경북 울진군 기성면 사동 1리에서 태어나 평해 중학교에 다닐 때 모친께서 병환을 얻어 그 수발 차 월송 경월사에서 불교를 접한 후 해인사 주지 스님 도반의 소개장을 지니고 해인사에 들어갔을 때부터 만행이 시작되었다.

초겨울이 닥치는 늦가을 붉게 물들었던 단풍은 뚝뚝 떨어지고 통나무로 홈을 파서 흐르는 수각의 물은 얼기 직전으로 한기가 대법보 도량에 서리고 있었다.

황 시인은 채공간(菜供間)에 들어가 차가운 물통 속에

잠긴 그릇을 일주일간이나 말없이 씻어 정리하였다. 알지도 못하는 놈이 채공간에서 열심히 일하는 황 시인을 조용한 곳으로 불러 원주가 물었다.

"네가 어떤 놈이냐?"

"저는 해인사에 부처님 공부하러 왔는데 일이라도 해야 배움을 받을 수 있지 않겠습니까?"

이때까지 유심히 보아 왔던 원주 스님은

"네가 정녕 해인사에 있고 싶으면 주지 스님 허락을 받아야 하니 손을 씻고 단정히 하여 나를 따라 오너라"

황 시인은 원주와 함께 주지 스님 방으로 갔다.

삼배(三拜) 하면서 주지 스님께 소개장을 올렸더니, 원주 스님이 깜짝 놀라면서

"왜 오자마자 소개장을 보이지 않고 이제야 내어 놓느냐?"

황 시인이

"이 소개장이 해인사에 머물게 할 것이 아니라 저의 진실한 마음이 부처님 법을 배우게 할 것으로 믿었습니다."

주지 스님이

"몇 년 수행자보다 낫구먼! 원주 네가 마음에 들면 거두어라."

정식방부가 허락되어 첫 소임이 갱두(羹頭 : 국 끓이는

소임)로 시작되어 해인사 온갖 잡일을 맡으면서 강원에 들어갔고, 그의 희생적 일화는 지면관계상 다할 수 없고, 두어 가지 얘기하자면, 사교(四教)가 끝나고 대교과 화엄경에 들어갈 무렵 마장(魔障)이 나타났다.

그때까지 종무소 시자를 하였는데, 같이 일하던 한 수좌가 해인사의 가장 큰 대문인 해탈문의 열쇠를 지니고 대구에 볼일 차 갔다가 새벽이 되도록 돌아오지 않았다.

황 시인이 문을 부수고 열 수 없는 상황이었다.

마침 새벽예불 시간에 신심을 발하여 예불 참석키 위해 아랫마을 여관에서 잠을 자고 올라오니 은산철벽 같은 장중한 대문이 잠겨 예불에 참례하지 못한 합천 군수는 주지와 총무 스님께 불만을 터뜨렸다.

드디어 대중공사에 부쳐 열쇠의 책임자에게 빈척(擯斥 절에서 쫓겨남)의 영이 떨어졌다.

황 시인은 분명 대구에 간 수좌의 누명을 쓰고 바랑에 보던 책을 지고 정처 없는 길을 떠나기 위해 치인리 아랫마을 버스정류장에 내려왔다.

그때 강사 스님 시자가 헐레벌떡 달려와

"선각(황 시인의 법명)—! 네가 잘못이 아니라 대구 갔던 … 수좌의 잘못이 밝혀졌고 강사 스님께서 꼭 너를 데려오라고 하셨다."

"아니요. 제가 잘못이요. 저와 그 수좌가 같은 불제자인데 부처님 법으로 봐서 한 제자를 잊는 것은 같은 것이니 제가 양보를 하겠소."

"고집 부리지 마시오. 그 스님도 이실직고(以實直告)로써 용서가 되었소!!"

.....하여 두 사람은 감동으로 용서가 되었다.

매달 해인사는 선방 스님, 주지, 총무, 강사 스님 등이 돌아가면서 상당법문을 하는데,

어느 날 선방 큰스님이 상당하여 주장자 활구법문을 마친 다음날 대중의 존경을 한 몸에 받고, 대중공양 시간 전에 지대방에 앉아 계셨는데 강원 학인이 사집을 익다가 '이 글의 뜻이 무엇이냐' 고 물었더니 대뜸 책을 빼앗아 학인의 머리를 사정없이 후려갈겼다.

기가 죽은 학인이 혼비백산하였다.

"부처님 마음은 선(禪)이요, 말은 강(講)으로 본래 하나인데 예부터 선강이 앙숙(怏宿)이었다. 오냐! 선방 스님이 학인을 저렇게 무시했다!"

선각이 중얼거렸다.

"무슨 수가 있어?"

"가만있어 봐요.!"

드디어 저녁 예불시간이었다.

선방 큰스님께서 팔만대장경 앞에서 장경각 안에 계신 석존께 합장하고 한차례 절을 올렸다. 그 순간을 놓칠세라 선각의 주먹이 큰스님 옆구리에 사정없이 들어갔다.

큰스님께선 청천날벼락이었다.

선정(禪定)의 인고(忍苦)를 감내(堪耐)했던 스님은 마지막 두 번의 예를 마쳐야 이놈의 뼈를 추려낸다.

두 번째 절을 할 때

"한방 더 잡수시오!"

큰스님이 이제는 빙그레 웃음까지 띠며

"가만 있어 봐!"

하시며 세 번째 절을 하면서

"이놈아! 니가 죽을래!!"

영리한 황 시인이 묵사발이 되기까지 그곳에 머물 리 없다.

"성질 낼 놈도 없고, 죽을 놈도 없고, 죽일 놈도 본래 없는데, 어느 놈이 뛰어오는가요?!"

하면서 대적광전 옆문 안으로 뛰어들어 크나큰 둥근 쇠문 고리를 틀어 움켜쥐고 문지방에 발을 버티고 있는 그에게 이 이상 시빗거리를 삼을 수 없었다.

"허허 그놈이 내가 할 얘기 지가 다 하네!"

하시고 정문으로 돌아가셨다.

이 광경을 지켜보던 강원학인들은 큰방으로 들어와 배를 잡고 웃었다.

선문답(禪問答)은 그냥 이뤄지는 것이 아니다. 내면 깊은 통찰의 확연한 깨달음이 없는 행위는 부처님께 대한 크나큰 죄악이다.

황 시인은 깨달음을 부각시키려는 것이 아니었다. 그는 진실한 깨달음의 칼을 갈았다.

송재(誦才)가 뛰어난 그는 사집(四集)을 외워 배웠고, 해인사의 하루가 끝나는 삼경의 종이 울리면 혼자 응진전에서 선관(禪觀)을 닦았고, 강원공부를 하며 선방의 용맹정진에 참례하기도 하였다.

정화 이후 6회 대교과(해인승가대학)를 졸업하자마자 군에 입대, 하사로 제대, 경남대학에 들어갔으나 졸업하지 못하고 유학의 길로 더욱 험난한 길을 걸었다.

황 시인은 불교를 마음(心) 깊은 내명(內明)의 극치로알면서 이 마음을 싣고 있는 몸(肉體)은 무아의 경지를 체현하고 있는 떨칠 수 없이 알아야 하는 연구 대상이라는 것을 강력히 느끼고 동의학의 모진 공부를 하기 위해 한의학의 발상지인 중국 호북성의 본초학 역사적인 대석학 이시진(李時珍)의 태생지인 호북중의대학 본과 5년을 졸업하고 미국에서 박사학위를 받았다.

한의학 본초학 2권을 출간하여 20여 년 이상 한방강의를 하였다.

문학은 옛 해인사 시절 법정 스님께서 문학강의를 할 때 글을 제출할 적마다 가장 돋보였다.

이 시집에 발표한 시(詩)는 유년의 작품으로써 늦게야 〈自由文學〉에 등단하였고, 한국문협의 회원으로 계간지, 월간지(월간문학, 자유문학 등등) 인터넷에 상당한 작품을 발표하였으나, 지금에야 시집을 상재하게 되었다.

이 시집의 시는 10대 후반 30대의 작품으로 보아도 큰 착오가 없을 것이다.

조용한 그의 성품이 세상에 이를 드러내기 싫은 성정이 이렇게 늦게 시집이 탄생한 이유이기도 하다.

그의 미발표작 시 4~5권의 분량이 출간의 때를 기다리는 가운데 한방에 종사하면서 그 분야의 한의서 출간을 원하고 있고, 나에게 보여준 것은 개론서 같은 불교와 선도(仙道), 한의학을 아우르는 동양철학관을 정리한 것들인데 책이 하루 빨리 출판을 기대한다.

특히 신선(神仙 : 仙道) 사상은 중의대(中醫大)에 다니면서 중국선도 서적을 다량 수집하여 불교기공과 선도(仙道) 기공(氣功)을 발췌하여 십년이 넘게 번역한 것이 자료가 정리되어 있었다.

그리고 그는 일찍이 혜문(慧門)을 열고 있었다.

시인의 〈내 無形의 집〉에 자성(自性)의 불변(不變)한 성품(性品)을 일찍이 알았다. 아무리 혜탈(解脫)의 세계를 알았다 해도 표현 능력이 없으면 죽은 시가 되어 생생한 열반의 세계를 읊을 수가 없다.

황 시인의 선시(禪詩)의 부합은 어느 누구보다 해박(該博)한 창작의 열정이 나타남은 각 방면의 엄청난 독서력을 지녔으며, 석가의 심인(心印)을 이은 마하가섭으로 혜능을 이은 불맥(佛脈)을 유년 때에 익히 알고 있었다.

원효와 의상, 대각 국사가 찬술한 원전(原典)과 유마가 설한 성성적적(惺惺寂寂)이 지눌 때 꽃피운 사실과 그 내용들을 담은 원숙한 많은 시가 세상에 다시 몇 권 나타날 것이다.

그의 글은 집착(執着)을 떠난 집착, 공(空)의 부정(否定) 속에 무한한 긍정(肯定)을 채달하여 시를 위한 시를 쓰지 않고 돈오(頓悟)와 해오(解悟), 점수(漸修) 그 깨침의 세계에 대한 가없는 수행의 체험이 배어 있다.

황 시인은 쓴다는 집착을 벗어나 영원한 마음의 세계를 관조하며 그 속에 마지못해 나타난 시어는 작은 표현일 뿐 그의 마음속엔 영원히 불붙어 타는 생명의 향수가 자리하여 확연히 밝아진 깨어남의 세계로 도전하는 해관(行觀) 속으로 뛰어들어 진리의 불변성을 갈무리하여 늘 깨어 살아 숨쉬는 마음 표현을 하는 행로를 보고 있는 것이다.

눈 내릴 겨울하늘에
외기러기 높이 뜬 이유를
눈 밝은 독자들은 알 수 있겠지.
그 외로운 기러기 어디에서 와
어느 곳으로 갈 것인가를……

2009년 여름에

丁亥 冬節 於 南漢山城 開元寺
釋禪曉 謹書

저자와의
협약으로
인지생략

황춘석 시집

내 無形의 집

초판 발행 2009 년 8 월 20 일

지은이 | 황 춘 석

펴낸이 | 윤 해 규

펴낸곳 | **을지출판공사**

등록번호 | 제 2-741 호
등록일자 | 1985 년 2 월 14 일
주　　소 | 서울시 마포구 서교동 394-81 홍익B/D 3층
우편번호 | 121-840
전　　화 | 02) 334-4050
팩시밀리 | 02) 334-4010
E-mail : euljipub4010@hanmail.net

값 10,000원

ISBN 978-89-7566-097-9 03810